AF349555

Catalogue

de la

Première
Exposition

de la

Société d'Art Moderne

(Art décoratif. Art appliqué)

Du 10 au 25 Janvier 1900

Terrasse du Jardin Public

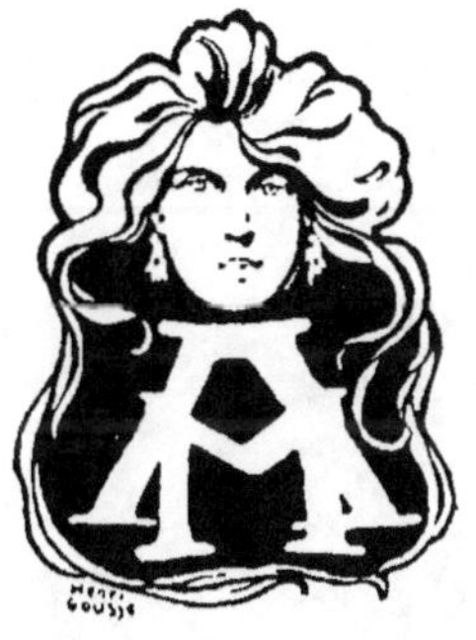

BORDEAUX

IMPRIMERIE G. GOUNOUILHOU
11, rue Guiraude, 11

1900

CATALOGUE

de la

Première Exposition

de la

Société d'Art Moderne

(Art décoratif. Art appliqué)

CATALOGUE

de la

Première
Exposition

de la

SOCIÉTÉ D'ART MODERNE

(Art décoratif. Art appliqué)

Du 10 au 25 Janvier 1900

(Terrasse du Jardin-Public)

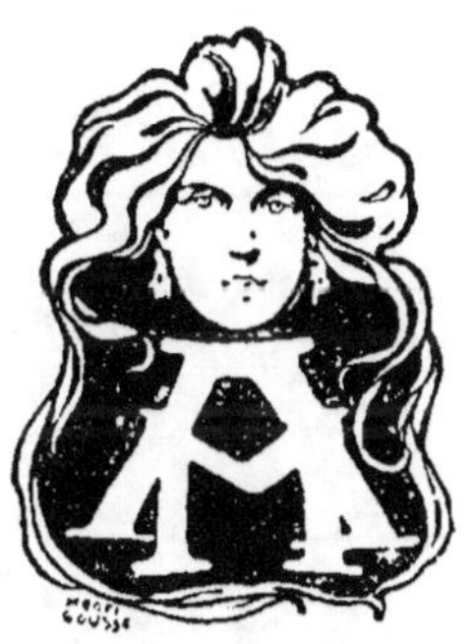

BORDEAUX

IMPRIMERIE G. GOUNOUILHOU

11, rue Guiraude, 11

—

1900

SOCIÉTÉ D'ART MODERNE

(Art décoratif. Art appliqué)

SOUS LE PATRONAGE

De l'Union Centrale des Arts décoratifs

Président d'honneur : **M. Georges BERGER**

PRÉSIDENT DE L'UNION CENTRALE DES ARTS DÉCORATIFS

BUREAU :

Président. . . . . MM. le Cᵗᵉ BOULET D'HAUTESERRE.

Vice-Présidents. . SCHRODER (Maurice).
HAZARD (A.).

Secrétaire général . PETIT DE MEURVILLE.

Secrétaire adjoint . DESHANS (Maurice).

Trésorier. . . . . JAHNHOLTZ (C.).

Archiviste. . . . . NICOLAÏ (A.).

Délégués généraux ACHAP (Ernest), sect. littéraire.
HAMM (Georges), sect. artistique.

Conseillers : MM. FOURCHÉ (P.), FOURNIER (L.), MAISON-
NEUVE (D.), BRUNET (Émile), CONDIS (Oswald), HAMM
(Henri).

Comité de Rédaction

DU BULLETIN DE LA SOCIÉTÉ

Directeur, M. Paul BERTHELOT (partie artistique); *Secrétaire de la rédaction*, M. H.-P. HARLEM (partie littéraire); *Administrateur*, M. E. ACHAP; *Membres du
Comité de rédaction :* MM. Max BUGNICOURT, P.-L.
MIGNÉ, Camille PENOUIL.

CATALOGUE

de la

Première

Exposition

de la

SOCIÉTÉ D'ART MODERNE

(Art décoratif. Art appliqué)

Du 10 au 25 Janvier 1900

(TERRASSE DU JARDIN-PUBLIC)

ADOUE (GASTON), architecte.

Bordeaux, 62, cours du Médoc.

1. — Cheminée monumentale.

ARENSON, en collaboration avec
M. Max BUGNICOURT, sculpteur.
Paris, 11, rue du Couedic.

2. — Glace à main.
3. — Glace boudoir.
4. — Baguier vide-poche.
5. — Vase.

BERNARD (Mme veuve).

Bordeaux, 16-18, rue Jean-Jacques-Rousseau.

6. — Travaux de broderies.

BIGOT (A.).

Paris, 13, rue des Petites-Écuries.

7. — Vase forme ovoïde.
8. — Chope fond plat.
9. — Pot à confitures.
10. — Champignon « de Marmeville ».
11. — Petit vase.
12. — Bouteille.
13. — Bock.

BING (S.), *l'Art nouveau*.

Paris, 22, rue de Provence.

14. — Meubles, glaces, cuivre repoussé.
15. — Appareils d'éclairage.
16. — Verreries d'art Tiffany (New-York).
17. — Porcelaine de Rörstrand.
18. — Cuirs ciselés.
19. — Poteries d'art.
20. — Étains.
21. — Bijoux dessinés par E.-C. Colonna et M. Bing.
22. — Cloisonné.
23. — Tapis d'après un carton de F. Brangdwin.
24. — Services porcelaine et faïence.

BOUVIER (Albert), céramiste.

Vierzon (Cher).

25. — Porte-parapluie.
26. — Porte-parapluie iris.
27. — Vasque grecque.
28. — Vasque à anses arrondies.

BRUNET (Émile), artiste peintre.

Bordeaux, 28, rue Caussau.

29. — Panneau : carton de vitrail d'appartement.
30. — Carton vitrail d'église.
31. — Carton vitrail d'église.
32. — Roses et ronces (dessin pastellisé).
33. — Philosophe moderne (dessin pastellisé).
34. — Panneau : Chant du soir.
35. — Affiche (dessin pastellisé).
36. — Saint Georges, aquarelle.

BUGNICOURT (Max), artiste peintre.

Paris, 11, rue du Couedic.

37. — Trois paysages décoratifs.

BURY (Mlle Berthe).

Bordeaux, 40, rue Poudensan.

38. — Médaillon plâtre : Friponne.

CAGNON (G.), graveur (élève de
M. Chrétien).
Bordeaux.

39. — Planche gravée.

CAMARSAC (Lafon de).
Bordeaux, 26, cours de l'Intendance.
Méd. de Londres 1862. — Méd.
d'or à Paris 1867 et 1878. —
Exp. rétrosp. à Paris 1889.

40. — Images photographiques obtenues
en couleurs vitrifiables et fixées
par la fusion au feu de moufle
(sur émaux, laves, etc.).

CARAN D'ACHE.
Paris, 47, rue de la Faisanderie.

41. — Original de la couverture de
Tourny-Printemps.

CARME (F.), artiste peintre.
Bordeaux, 118, rue de la Trésorerie.

42. — Panneau décoratif (Arcachon).

CARRIÈRE (E.), sculpteur-céramiste.
Paris, 197, rue de Vaugirard.

43. — Ravier-coupe poisson, bronze ar-
genté.

CAZAUBON.
Bordeaux, 22, rue Vital-Carles (en
face l'Archevêché).

44. — Groupement d'étoffes et tapis mo-
dernes.

COMBLAT (Mlle de), artiste peintre.
Bordeaux, 26, rue Lafaurie-Montba-
don.

45 — Trois panneaux décoratifs.

CONDIS (Oswald), architecte.
Bordeaux, rue de Lamourous.

46. — Série d'aquarelles.

COSSON, artiste peintre.
Bordeaux.

47. — Panneaux décoratifs.
48. — Deux pastels.

DESPUJOL, artiste peintre.
Bordeaux, 36, allées de Tourny.

49. — Panneau décoratif : Les Vendan-
ges.

DUPUY (H.), graveur (élève de M. Chrétien).

Bordeaux.

50. — Deux planches gravées; ornements et armoiries.

FAURE-LAUBARÈDE (G.).

Bordeaux, 19, cours Champion.

51. — L'Énigme, petit panneau bronze; exécution Charles Gautier.
52. — Original de la couverture pour la *Revue de l'Hippique*.
53. — Portrait d'enfant, thème décoratif.
54. — Projet de vitrail.
55. — Projet d'affiche pour imprimerie.

FÉLICE (Mlle Marguerite de), artiste peintre.

Bordeaux, 8, rue Barennes.

56. — Hortensias roses, écran peint et brodé.
57. — Les arbouses, coussin peint et brodé.
58. — Les bégonias, table à thé pyrogravée.
59. — Creux de rocher, plateau pyrogravé.
60. — « Au gui l'an neuf! » plateau pyrogravé.

FERLAT.

Cadillac-sur-Garonne.

61. — Plats d'animaux moulés sur le
vivant et reproduits par la
galvanoplastie.

FLOS, serrurier.

Bordeaux, 7, rue Maucoudinat.

62. — Pièce artistique en fer forgé,
hallebarde.

FORAIN.

Paris.

63. — Douze éventails décorés, enca-
drés.
64. — Deux éventails montés.
65. — Trois aquarelles.
66. — Deux petits panneaux à l'huile.
67. — Portrait pastel.
68. — Portrait du prince impérial, aquarelle.
Appartient à Mme J. Martin, à Bordeaux.

GALLÉ.

Nancy.

69. — Carafon cristal.

GAUTIER (CHARLES).

Bordeaux, 12, cours de l'Intendance.

70. — Meubles de Majorelle.
71. — Céramiques.
72. — Bronzes d'art des ateliers Charles
Gautier, 95-97, rue Judaïque.

GENEAU (Mlle LOUISE).

Bordeaux, 175bis, rue Turenne.

73. — Peinture sur satin et tapis de
cheminée.
74. — Cache-pot.

GENEAU (Mlle YVONNE).

Bordeaux, 175bis, rue Turenne.

75. — Mouchoir brodé tulle.

GÉRAUD (Mlle TH.).

Bordeaux, 10, rue Bougrand.

76. — Plateau à thé pyrogravé.
77. — Reliure en cuir pyrogravé.
78. — Éventail décoratif, aquarelle et
pyrogravure.
79. — Tableau : fleurs.
80. — Cadre pyrogravure,

GOUSSÉ (Henri).

Bordeaux, 181, rue Fondaudège.

81. — Une porte décorée iris.
  Appartient à M. Henry Laval.
82. — Compositions à la plume pour illus-
  trer *La Suppliciée*, de René
  Berton.
  Appartient aux Imprimeries Gounouilhou.
83. — Trois projets d'affiche.

GRASSET.

Paris.

84. — Estampe décorative.

GUITTARD (H.), dessinateur (atelier
  Adoue).

Bordeaux, 32, rue Saint-Esprit.

85. — Projet d'hôtel d'architecte.

HAMM (Georges), sculpteur-céramiste.

Bordeaux, 24, rue Grangeneuve.

86. — Trois panneaux à reflets métalli-
  ques et deux petits carreaux.
87. — Modèles de plusieurs vases, terre
  cuite polychromée, à l'état de
  maquette ou d'exécution défini-
  tive.

HAMM (Henri), sculpteur.

Bordeaux, 194, rue d'Ornano.

88. — Cadre chardon.
89. — Cadre végétation.
90. — Cadre paysage décoratif.
91. — Porte-carton.
92. — Cadre.

ح

HAIRON, sculpteur.

Bordeaux.

93. — Glace-psyché.

ح

LAGLER-PARQUET (Mᴵˡᵉ).

Bordeaux, 39, rue Tourat.

94. — Ouvrages d'art, broderies, etc.

ح

LALIQUE (René), joaillier.

Paris, 20, rue Thérèse.

95. — Agrafe de manteau, figure or,
brillants et améthystes, avec
pendants perles.
96. — Agrafe dragon, argent émaillé.

LE MARDELÉ (Manufacture papiers
peints et étoffes pour tentures
murales). M. Fuchs, représentant
à Bordeaux.

Paris, faubourg Saint-Antoine.
Méd. de vermeil Paris 1895. —
Méd. d'or Paris 1896, Exposition
de l'Union centrale des Arts
décoratifs.

97. — Décor : raisin.
98. — Végétation, genre japonais.
99. — Décors *(Art nouveau)*, d'après
Mucha, étoffe tissée en 1ᵐ30 de
largeur.
100. — Décor : Le Valois, toile imprimée
en 1ᵐ30 de largeur.

LEVY (E.), directeur de la Librairie
centrale des Beaux-Arts.
Paris, 13, rue de La Fayette.

101. — Panneau, spécimens de l'ouvrage
de Grasset : *La Plante*.
102. — Panneau, spécimens de *L'Animal
dans la décoration* de Verneuil.
103. — Panneau, spécimens de la revue
Art et Décoration.

LIAUBET, serrurier, contremaître de
la maison Liégaux et Vène.
Bordeaux, 49, rue Sainte-Eulalie.

104. — Deux chenets en fer forgé.

LINARÈS (Mlle).

Bordeaux, 14, rue Lafaurie-de-Monbadon.

105. — Plat porcelaine camaïeu.

MAILLE (GASTON), maître facteur d'orgues.

Bordeaux, 95, rue Leberthon.

106. — Console pneumatique tubulaire (système breveté).

107. — Trente-deux jeux destinés au grand orgue en construction pour l'église Saint-André de Bayonne (Basses-Pyrénées).

MAISONNEUVE, mosaïste.

Bordeaux.

108. — Panneau décoratif.

109. — Deux panneaux ovales : Muse et portrait de Carnot.

110. — Deux médaillons.

111. — Petit panneau fleuri.

MASSIÉ (CLÉMENT), céramiste.

Golfe Juan.

112. — Brûle-parfums.

MÈRE (Clément), artiste peintre.

Biarritz.

113. — Cuirs d'art.
114. — Meubles.

MERZEAU (Pierre), sculpteur.

Bordeaux, 196, rue Sainte-Catherine.

115. — Pendule (projet en plâtre).

MICHEL (Alfred), sculpteur.

Bordeaux.

116. — Panneau plâtre (composition).

MUCHA, artiste peintre.

Paris.

117. — Deux panneaux décoratifs.
118. — Aquarelle.

MULLE (Mme), brodeuse.

Bordeaux, 56, rue Notre-Dame.

119. — Coussin, broderie moldave.
120. — Deux écrans.
121. — Étagère moderne.

MULLER (Émile).

Ivry-Port, près Paris.

122. — Ballerine, de Bernstamm, nº 2 *a*.
123. — Éternelle captive, de Faivre, nº 20 *b*.
124. — Sphinx, de Dampt, nº 56.
125. — Lion, de Gérôme, nº 16 *b*.
126. — Vautour, de Hingre, nº 13 *a*.
127. — Adieu aux rêves, d'Aubé, nº 12.
128. — Cruche : Ivresse, de J. Vibert, nº 8 *b*.
129. — Encrier : Inspiration, de J. Vibert, nº 44.
130. — Encrier, de Dampt, nº 56.
131. — Vase à fleurs : tulipes, de A. Vibert, nº 34 *b*.
132. — Brique chauffeuse peau de chat, de A. Vibert.
133. — Calendrier, de Grasset : hortensias.

ORLIAC (Mᵐᵉ), brodeuse genre Savonnerie des Gobelins.

Bordeaux, 53, rue du Hautoir.

134. — Tapis.
135. — Ruban.

PRADELLES (Mˡˡᵉ Eva).

Bordeaux, rue Grangeneuve.

136. — Deux panneaux : fleurs (aquarelles).

PROUVÉ (Victor).

Paris, rue Boissonnade.

137. — Grand panneau décoratif en cuir.

SAUTEYRON (Mlle).

Paillet (Gironde).

138. — Ruines du Château de Langoiran.
139. — Panneau : orchidées.

SEM (Georges GOURSAT).

Bordeaux.

140. — Projet d'affiche pour bal (esquisse).